Marginales 123

Nuevos textos sagrados
Colección dirigida por
Antoni Marí

Juan Luis Panero

LOS VIAJES SIN FIN

TUSQUETS
EDITORES

1.ª edición: febrero 1993

Diseño de la colección: Clotet-Tusquets
Diseño de la cubierta: MBM
Reservados todos los derechos de esta edición para
Tusquets Editores, S. A. - Iradier, 24, bajos - 08017 Barcelona
ISBN: 84-7223-654-4
Depósito legal: B. 105-1993
Impresión: Grafos S.A. - Zona Franca, sector C, calle D 36
08040 Barcelona
Impreso en España

INDICE

Para
Carmen

Vous comprenez, ma chère:
todo es absolutamente banal.

Gregor von Rezzori

I
LA NADA Y SUS ESPEJOS

Una nada de sueños extendida sobre la nada.

Hermann Broch

AUTOBIOGRAFIA

Una casa vacía, otra derrumbada,
un niño muerto al que le cuentan cuentos,
despedidos fantasmas que se desvanecen,
ceniza y hueso, piedras derrotadas.
Cuartos alquilados, repetidos espacios fugaces,
las huellas de los cuerpos en las sábanas,
una pesada resaca sin destino,
voces que nadie escucha, imágenes de sueños.
Innecesarias páginas, gaviotas en la ventana,
mar o desierto, blancos despojos,
signos y rostros en la pared de la memoria.
Sucias pupilas de sol en México, tercos
los ojos redondos de la calavera
contemplan pasado, presente, futuro,
sombras tenaces, metáforas gastadas.
Miro sin ver lo que ya he visto,
humo disforme que se esfuma,
invisible mortaja bajo nubes fugaces.
Humo en la noche y la nada instantánea.

J.L.P. EN LA RUE MAZZARINE

A esta calle te han traído de nuevo
los múltiples caminos recorridos, o ni siquiera eso,
los vaivenes de un sueño creado con tu nombre,
años y aviones, barcos sin destino, estruendo de trenes,
buscando en el pasado un antiguo futuro.
Cae la lluvia de Verlaine y París, salpica el rostro
de este desconocido, de este extraño superviviente que repite:
«Rue Mazzarine, envejecido itinerario melancólico».
Dominio de soledad, perdida herencia, recobrada de pronto,
conciencia de que no hubo ayer ni habrá mañana,
sólo este presente banal de turista cansado,
mirando en un cristal la lluvia que lo borra.

UNOS VERSOS DE LOWELL

¿Y de qué hablar con aquel joven impertinente y sentimental,
ansioso de aventuras y brindando por Robert Lowell
—como tantas cosas, la traducción de sus poemas quedó
    arrinconada—
ahora que están muy lejos Nueva York, México o Londres?
¿Y merece la pena despertar a este otro, aburrido fantasma,
que dormita en su vieja mecedora de Torroella,
a cuyos pies ha caído un manoseado ejemplar
    de los *Selected Poems,*
tercos signos, agotadas palabras, ya casi vacías de sentido?
Nada que decirles ni nada entre ellos que los una,
salvo, tal vez, el sabor de un *bourbon* en Long Island,
el imposible sueño de haber conocido a Lowell
y, sobre todo, el horror que unos versos reflejan:
«Pero dime, Cal, ¿por qué hemos vivido?
¿Por qué tenemos que morir?».

MADERA Y CENIZA

Hablamos de sórdida política o de alguien que acaba
    de llamar,
de los cambios del día y los golpes de la tramontana,
todo sin importancia o demasiado importante,
a veces aburrido y desde luego íntimo, poco grandilocuente.
Después de tantos años conocemos las preguntas
    y sus vagas respuestas,
pero aun así surgen las palabras, que se esfuman
como el humo de los cigarrillos o de la chimenea.
Impasible como la madera, indescifrable como la ceniza,
asisto a tu remota presencia —tan cercana—
sabiendo que tus labios y esta copa roja
sólo anuncian, reflejan, un tiempo de derrota.

EL HOMBRE INVISIBLE

Se mira en el espejo que ya no le refleja,
todo, menos él, aparece en la fría superficie,
la habitación, muebles y cuadros, la variable luz del día.
Así aprende, con terror silencioso, a verse,
no en los gestos teatrales —aún rasgos humanos—
      de la muerte,
sino en los días de después, en el vacío de la nada.
Inútil cerrar los ojos, estúpido romper el terco espejo,
buscar otro más fiel o más amable.
Es él sólo, el hombre invisible, el que desaparece,
es sólo él, una huella borrada,
que no contempla a nadie, porque es nadie,
la nada en el cristal indiferente de la vida.

TRAMONTANA DE ABRIL

Deslumbran las estrellas,
lamento y aullido son los pinos,
crujen ramas y huesos, troncos y brazos,
sombras sonámbulas frente al mar nocturno.
Patria de soledad donde esperar nada,
sábana de sueños la piel que me respira,
sábana de cenizas la piel que me redime.
De pronto la luz del sol, como un relámpago
sobre la playa, algas y olas, madera y miseria,
espumas de la vida, fúnebres despojos.

UNA MITAD DE LUZ OTRA DE SOMBRA

En la mítica Residencia de Estudiantes,
asisto por vez primera a una lectura,
—estas paredes imaginadas, marginadas durante años—.
Escucho la voz de Octavio Paz, está leyendo
su poema de homenaje a Luis Cernuda:
«Ni cisne andaluz
                    ni pájaro de lujo...
          Una mitad de luz Otra de sombra».
En sus palabras, entre estos muros,
siento la terca histeria del tiempo y el destino,
entre nosotros, ya máscaras de los años.

Al día siguiente, en el sopor del mediodía,
en la terraza de un bar, debajo de la casa
donde una vez visité a Pepe Bergamín,
frente al gris ceniciento del Palacio de Oriente,
un desconocido se acercó a mí y a otros,
para vendernos una extraña mercancía,
unos inesperados poemas, autógrafos y fotocopiados,
pidiendo por ellos la voluntad del comprador.
Retengo aquí y repito —con algunos cambios
que no sé si mejoran o pierden el poema—
sus misteriosas palabras leídas en la plaza:

[29]

«En la bruma
             del sol de medianoche
cabalga un caballero,
es un templario
y de su armadura
se desprende
el sueño de los hombres,
la vieja leyenda de los héroes.
            Retos del tiempo
frente a los ritos de la Historia».

Y, súbita, en esta tarde de espesa primavera,
de turbulentos anuncios del verano,
llega, otra vez, debajo de la piel,
al filo de la nada, la obstinada pregunta
—Una mitad de luz Otra de sombra—
¿De quién son mis palabras? ¿Quién escribe el poema?

LOS BUITRES GUARDIANES

Ernest Hemingway los vio en el cielo de Africa
y escribió sobre ellos palabras memorables.
Luego, en un estudio de cine, torpemente,
los hicieron volar, mensajeros en tecnicolor de la muerte.
La olvidada intensidad del texto, la falsedad de las imágenes
que, en esta noche absurda, un televisor repite,
podrían suponer el final de su embrujo, romper el maleficio.
Sin embargo, en esta habitación impersonal, de grotesca
    elegancia,
de un hotel cualquiera, de cualquier ciudad,
solo, a través del cristal, contemplo su pesada presencia,
su mirada inquieta buscando la carroña,
el corrompido símbolo de sus alas alzadas.
Imágenes de un sueño, fantasmas de la vida,
aturdiendo mis ojos que, aburridos, se cierran,
sabiendo que ellos velan, tercamente esperan,
sucias plumas de sangre, en la cama de al lado.

CEREMONIAS DE OTOÑO

Entre el pellejo y el hueso aún alienta un temblor
—eso que algunos llaman alma—
un terco estertor, inútil esfuerzo de supervivencia.
La vida y sus ocultas raíces tenaces se aferran
en el húmedo atardecer, de principios de otoño,
mientras el desencajado rostro representa su extraño papel
y el coro, con su estúpida y crédula apariencia,
apuesta por el más allá o el más acá, ¿qué importa?
Sólo un aliento, sólo un aliento entrecortado,
entre el pellejo y el hueso,
simboliza un final o, sencillamente,
el borroso sueño de otro sueño desierto.
¿Y para quién tantos aparatosos gestos,
si todos los testigos, los ojos que, casi a escondidas,
se miran y se encuentran, únicamente afirman
el terror —tan real— de su propio cadáver?
Después —fuera del hospital inhóspito—
la última luz del sol dibuja el mar,
ocultándose tras el verde y la piedra del Monte Igueldo
y tiembla en tus manos la pesada copa
que lleva a tus labios el cristal funerario,
donde el alcohol y el hielo dibujan otra muerte.

[33]

A VECES, MUY RARAMENTE

Cuando poco en la vida nos consuela
del tiempo, ese verdugo indiferente,
a veces, muy raramente, en la monotonía de la noche,
entre repetidos sueños, surge una imagen
que refleja la ilusión que allí dejamos,
y un rostro —su remota apariencia— reconstruye
una intensa instantánea de la felicidad.
Cuando tan misterioso privilegio nos llega,
despertarse después es vivir el infierno:
no aquel juego grotesco de llamas y demonios,
sino el demonio de la luz de nuevo,
el fuego del primer cigarrillo.

Termina un año donde la vida y la muerte
tensaron como un arco su furia y resistencia,
las aristas más duras, los filos de las flechas.
Hoy ya —entre tantos otros— Felicidad Blanc,
Jaime Gil, José Luis Alonso, son sólo nombres,
desterradas sombras, tachaduras en la agenda del tiempo.
Muerte y vida, también llegan visiones:
una esquina perdida de una calle perdida,
en Buenos Aires, los ojos de una mujer,
y palabras, Enrique Molina leyendo un poema sobre Borges
y Borges resucitado en la voz de Adolfo Bioy Casares,
sentados en su casa, mientras, tibia luz transparente,
entra el sol del invierno austral por la ventana.
Terco superviviente de oscuras derrotas,
espectador aún del color de los días.
El testamento inútil de un rostro en el espejo,
y el misterioso, impreciso vuelo de una flecha,
el metal que hiere y esta vez mata.

II
LA VEJEZ DEL NAVEGANTE

Del mar también, ¿lo sabías tú?,
nos viene a veces ese gran terror de vivir.

Saint-John Perse

TORMENTA EN EL CARIBE

Chirría el metal, cruje el camarote, tiemblan los cristales
que la lluvia golpea y las olas azotan,
ramalazos de agua, vendavales de espuma en el día
    que es sombra.
Sin embargo, tambaleante, te acercas,
tropezando con la mesa y las sillas, llegas al puerto
    que te espera.
Sobre el suelo que tiembla y se arquea como un caballo loco,
hay un cuerpo desnudo que te llama y te nombra,
frente a truenos y olas, bramidos de la noche.
El barco se quemó y se hundió años después
y aquel cuerpo se ahogó en un mar más profundo,
pero tú, por los puentes de niebla, camarotes de sombra,
entre hierro oxidado y devastada materia, sigues navegando,
mientras suenan las teclas de un piano
que ahora, igual que tú, flota solo y sin rumbo.
Holandés errante sobre las olas del Caribe,
aún escuchas su música, largos dedos de sueños,
y tras el telón del agua que te hunde y te borra
aún regresa a tus manos vacías
la humedad de una piel que la muerte salpica.

EL AMANECER EN LOS PUERTOS

Sale el sol por encima de la Ciudadela,
sobre el puerto de Ibiza, transparente luz de abril,
dibuja como en un sueño, realidad irreal,
las calles, la madera de los balcones, en Cartagena de Indias,
lo saludas borracho, mientras suenan, música de fondo,
guitarras y marimbas en el Zócalo de Veracruz,
lo sientes en tu piel, rojizo resplandor
desnudando, decorando, los minaretes de Alejandría,
las piedras de Rodas, los mástiles al viento de Marsella.
Después, abres los ojos y ya todo se borra,
te pierdes por las calles de un apagado puerto,
frente a un nocturno mar y olas oscuras,
viajero en la penumbra, donde nadie te aguarda,
donde ciego esperas el negro amanecer.

NOCHE EN LAS ISLAS GALAPAGOS

En el caluroso camarote desvencijado
una cucaracha roja recorre tu sexo dormido,
otras verdes o negras celebran sus ritos,
sueñan desveladas nuestros sueños.
De pronto, te despiertas y me miras:
en tus ojos abiertos, el horror de la vida.

III
ACLARACIONES Y MALENTENDIDOS

Hay algún malentendido, y ese malentendido será nuestra ruina.

Franz Kafka

EN EL BAR DE L'HÔTEL
(Rue des Beaux Arts)

En este bar, donde todo tiene un aire de suave decadencia
—de barroco vienés de Gustav Klimt—
evoco olvidados recuerdos de Borges
—una lápida sobre la puerta conmemora sus estancias aquí—.
Cuando de pronto, una voz áspera y dura,
    surgida de la sombra,
interrumpe mi lento monólogo melancólico,
ça va, ça va, repite y repite en distintos tonos,
que graves o silbantes se pierden en el aire,
sin que pueda saber —no hay nadie alrededor— su extraña
    procedencia.
Al fin, detrás de una columna, descubro sus orígenes:
en su jaula dorada, una cotorra verde, con el cuello amarillo,
desafiante chilla *ça va, ça va,*
y los colores brillantes del pájaro enjaulado
sugieren otra imagen, un tópico gastado,
el recuerdo de Oscar Wilde, que aquí bebió y murió.
Estar cansado tiene plumas y la naturaleza imita al arte
en el salón vacío del atardecer,
mientras bebo e interrogo a dos sombras o símbolos
y esa voz, casi humana, me responde *ça va.*

RETORNO A HOLLYWOOD

Allá, en la sala de la funeraria, rodeado de poca gente,
maquillado y teñido, «Se diría que está vivo»
—sólo en sus manos se notaba el estrago del alcohol
    y los años—,
Scott Fitzgerald esperaba el tren de regreso al hogar.
«Pobre hijo de puta», sentenció Dorothy Parker delante
    del ataúd.
Después cargaron la caja con destino a Baltimore
para terminar de una vez la comedia.
Pero al llegar allí, surgieron los problemas
y pese al cuidadoso maquillaje y al vistoso teñido,
el obispo católico le negó la tierra y la bendición
—notoria era su inmoralidad y pecaminosas las páginas
    escritas—.
Así que retocado el rojo de los labios
y cubiertas sus manos con una bandera de la Unión,
cerraron el ataúd y regresaron al tren.
Desde entonces, a lo largo y a lo ancho del país,
su cadáver ha seguido viajando y viajando,
deteniéndose de vez en cuando —infructuosamente—
en algún cementerio o exhibido en las ferias locales.
Hoy, en toda América es famoso el tren de Scott
y la última noticia que tuve de él
es que acababa de pasar por la estación de Denver,
de regreso a Hollywood, al éxito y la fama.

[55]

EN MALLORCA, UNA NOCHE DEL 65

De aquella noche lejana de Mallorca,
una vez escribí que esperaba
que mi voz perdurase en tu memoria
cuando yo evocase tu cuerpo junto al mar.
Hoy, aquel cuerpo es un hueco en la arena,
un incómodo huésped perdido entre mis páginas
y mi voz desea que jamás la recuerdes.
Pero algo de entonces ha quedado —y aún me acompaña—,
un libro, *Si mañana despierto,* de Jorge Gaitán Durán,
unas palabras leídas en la húmeda soledad de la terraza,
mientras tú roncabas en el cuarto del fondo.
Y todavía en sus poemas, manchados de alcohol y tinta,
encuentro la única emoción de aquella noche:
la lucidez suicida del destino,
el resplandor en la sombra,
el golpe oscuro de las olas y la luz de las estrellas.
De la otra historia, de sus horas,
de lo que parecía un símbolo de vida,
sólo regresa, frío, intenso, repetido,
el sabor perfumado de la ginebra inglesa.

ARAÑADA SOMBRA
(Antonio Saura)

Arañada sombra de París y el Sena,
gritos de rebeldía, caricaturas de la rebelión,
quedan marcas azules, grises, como el agua en la orilla,
plumas de palomas en el aire vacío.
Trazar unos signos para borrar la nada,
construir desde la noche un día atroz, pero real,
las largas cabelleras de la calavera.
Amarga memoria de juventud,
un remoto verano, soñadas lápidas sonámbulas.

EL CONVIDADO DE PIEDRA
(L.P.)

A veces, regresas en una pesadilla,
tan absurda como fue nuestra historia,
y al despertar no dejas sino
rencor y descontento, miedo
petrificado en la memoria.
Ni aún ahora, tantos años después,
es posible el pacto entre nosotros,
ni aún ahora, la piedad y el olvido.

ENCUENTRO EN IBIZA
(Pierre Drieu La Rochelle y Walter Benjamin)

¿En qué lugar se celebró el encuentro,
cuáles fueron las palabras de los conjurados,
dónde la cita de los dos viajeros?
Pienso, sentado en la terraza del Montesol,
que por aquí, por esta plaza, a la sombra de sus árboles,
debieron pasear —cada uno en su tiempo y en su sueño—
solamente reunidos por la extraña elección de esta isla,
remotos muros blancos frente a la blanca espuma.
¿Pero dónde, junto a qué piedras indiferentes
y olas que se repiten, se mezclaron sus sombras?
¿Cuál fue el sitio en que el verdugo y la víctima,
implacables en la fe de abolir el tiempo,
se encontraron para comunicarse la fecha de la partida,
el profundo secreto que ambos compartían?
«El pensamiento de la muerte frente a este mar
hace más dura, pero también más fácil la derrota.»
«Un asesino necesita sus víctimas y sus dioses,
pero un suicida ignora a su víctima y sabe que él es un dios.»
Eso o algo parecido debieron comentar, entre sueños de alcohol,
en el lugar imposible que esta noche, desesperadamente, busco.

LOS ABANDONADOS DE LA MUERTE

Uno, con el puño apoyado en la mejilla,
el otro, con la cabeza hundida entre las manos,
y el tercero, con los ojos abiertos al vacío,
los tres viejos dormitan alrededor de la mesa,
    en la terraza de un bar.
Después del café, acalorados, esperan a la desconocida
que les visita en sus sueños, pacientes o impacientes,
y acaricia las máscaras de sus rostros,
que el sudor dibuja y borra.
De pronto, el ruido de una moto
y una pareja joven y enlazada que cruza la carretera,
después el estruendo, los previsibles signos de la muerte,
que busca juventud y no cuerpos decrépitos.
Los tres viejos se miran y lloran su abandono.

SANGRE Y ALCOHOL
(José Asunción Silva - Rubén Darío)

En el silencio de la tarde, ya casi noche,
el sonido de un disparo interrumpe
el decimonónico concierto de las campanas,
mientras la lluvia, implacable, cae
sobre los húmedos tejados de Santa Fe de Bogotá.
Casi al mismo tiempo, en París,
en un hotel de segunda, sábanas sucias
y putas disfrazadas de princesas,
un indio borracho estrella su copa contra un espejo.
¿Quién hubiera pensado entonces
que, entre humo de pólvora y cristales rotos
—sangre y alcohol— unas palabras perdurarían,
hasta llegar, misterioso lenguaje, a este papel en blanco?

Marginales
Nuevos textos sagrados

El ala de la gaviota, Enrique Molina
Al dios del lugar, José Angel Valente
Poesía completa, Alfonso Costafreda
Casi una leyenda, Claudio Rodríguez
No amanece el cantor, José Angel Valente
Poesía (1931-1991), Rosa Chacel
Los silencios de fuego, Antonio Colinas

*

En preparación

La música de la humanidad
(Antología poética del Romanticismo inglés),
edición de Ricardo Silva-Santisteban